Tchicaya U Tam'si

Werke Band I

Herausgegeben von Hans-Jürgen Heinrichs

Tchicaya U Tam'si

Böses Blut / Le mauvais sang

Gedichte
franz./deutsch

Übertragen von Beate Thill

Rimbaud

Le mauvais sang

(andante)

I

Pousse ta chanson – Mauvais sang – comment vivre
l'ordure à fleur de l'âme, être à chair regret
l'atrocité du sang fleur d'étoile, nargué
Des serpents dans la nuit sifflaient comme des cuivres

Cotillon mille soleils ressac pour un chant d'orgues
mon sang s'est dispersé car un preux demain
dira sur ma ville tout comme un beau destin
nous n'irons plus pleurer sous le ciel gris des morgues

Je serai la mouette la morte par déveine
Un grand gibet levé remise pour les peines
m'emporte haut et fier en habits festonnés

Pleure le malheur viendra ternir les diamants
Ton sang te matraque, ô mes cœurs époumonés
Je suis noir fils solaire à main le chant dément.

Böses Blut

(Andante)

I

Schreie dein Lied heraus – böses Blut wie leben
Fäulnis auf der Seele Reue sein bis ins Fleisch
der Schrecken des Bluts Sternblume, unbeachtet
Schlangen in der Nacht pfiffen wie Trompeten

Kotillon tausend Sonnen Aufbranden einer Orgelmusik
Mein Blut zerstreute sich denn morgen wird ein Recke
über meine Stadt verkünden fast ein schönes Geschick
wir werden nicht mehr weinen unterm grauen Himmel der Leichenhallen

Ich werde die Möwe sein am Pech gestorben
ein großer zum Erlaß der Schmerzen aufgebauter Galgen
trägt mich in bestickten Kleidern hoch und stolz empor

Weine das Unglück wird den Diamanten trüben
Dein Blut knüppelt dich nieder o meine zerschrienen Herzen
Ich bin schwarz Sohn der Sonne in der Hand wahnsinnigen Gesang

II

Demain nous serons sages
Tu me crois, dis? Demain
Nous aurons un destin
neuf au fond d'un voyage

Oui oui nous marcherons
Et dans tes mains si belles
Je mettrai fier fidèle
Ma joie: nous chanterons

Plein d'oubli sans passé
de quoi ai-je rêvé
Ta vie ma vie la vie

Dans son songe fini
verserons nos ciboires
Et notre fleur d'un soir

II

Morgen sind wir weise
ja, morgen, glaubst du mir?
Blüht uns ein neues Geschick
am Grunde einer Reise

Ja, wir werden marschieren
Und in deine schönen Hände
Werde ich stolz und treu
Meine Freude legen: wir werden singen

Voll Vergessen ohne Vergangenheit
was träumte mir nur
Dein Leben mein Leben das Leben

In seinen beendeten Traum
werden wir unsere Kelche gießen
Und eines einzigen Abends Blüte

III

La pluie avait parlé
Comme dans un bréviaire
Les taches de misères
Etaient toutes perlées

La pluie avait dansé
Comme un bel ours de verre
Je bus son vin amer
Sur les toits bleus mouillés

Le spectre de la pluie
Est beau quand il s'enfuit
L'écho le peuple en vain

Belle pluie, douce pluie
Je t'attendrai demain
Si je meurs – d'Ennui

III

Der Regen hatte gesprochen
Wie in einem Brevier
Die Unglücksschlieren
Waren herabgekrochen

Der Regen hatte getanzt
Wie aus Glas ein schöner Bär
Ich trank seinen bitteren Wein
Von den nassen blauen Dächern

Das Gespenst des Regens
Ist schön wenn es flieht
Das Echo bewohnt es vergebens

Schöner Regen, sanfter Regen
Morgen erwart ich dich
Sterbe ich ist's – Sehnen

IV

Merci légère amie
Ma fleur de safran vert
Allons donc bons baisers
A la mouette, je dis

Merci.

Je gage pour l'oubli
l'érable est sous la serre
Pour un destin plus clair
l'adieu tarde c'est dit

Merci.

Le thé était bon oui
Le tête-à-tête aussi
Dieu il faut que je parte

N'ai-je rien oublié
Je pars émerveillé
Oh! merci pour la tarte ...

Merci ...

IV

Danke dir leichte Freundin
Meine grüne Safranblüte
Gehen wir viele Grüße
Der Möwe, ich sage

Dank dir.

Ich wette aufs Vergessen
der Ahorn ist unter Glas
Für ein helleres Geschick
zögert der Abschied, es ist gesagt

Dank dir.

Der Tee war wirklich gut
Auch das Tête-à-tête
Gott ich muß leider fort

Hab ich nichts vergessen
Ich gehe ganz verzückt
Oh! Dank dir für die Torte ...

Dank dir ...

V

Un soir un temps au faubourg
Un air persiste je doute
indolent rêveur j'écoute
Un chant né des alentours

Il s'apprête, il fait le tour
De la ville qu'il envoûte
Un air persiste et j'écoute
un soir un temps pour l'amour

L'appel se voile frileux
Une bouche s'ouvre et veut
Le rendre pieux et ardent

A qui rêve de fleurs bleues
Pour la saison des aveux
Un soir au faubourg un temps ...

V

Es war eines Abends im Faubourg
Da hing eine Melodie ich zweifle
träge und verträumt höre ich hin
Ein aus der Umgebung geborenes Lied

Es macht sich bereit, zieht eine Runde
Durch die Stadt, verzaubert sie
Eine Melodie hat sich verfangen ich höre hin
eines Abends es ging um Liebe

Fröstelnd verschleiert sich der Ruf
Ein Mund öffnet sich und will
ihn fromm und eifrig machen

Dem der von blauen Blumen träumt
In der Jahreszeit für den Liebesschwur
Es war eines Abends im Faubourg ...

VI

Mon cœur n'a fait qu'une dérive
Oh! il tombait une pluie d'ambre
Dans un coin d'oubli en décembre
quand trop seule s'est tue la grive

Dans l'ombre sûre qu'une âme avive
Un front seul et serein se cambre
se dévie aussi dans la chambre
Pour qu'un destin plus fort survive

Le geste de l'homme meurtri
D'être toujours aimé, chéri
Qui me l'a dit. N'y plus penser

N'y pensons plus, le ciel d'étrennes
Fut bien pâle, le cœur de peines
fut meurtri, ah! n'y plus rêver!

VI

Mein Herz ist nur einmal abgetrieben
Oh! es fiel Bernsteinregen
Im Dezember auf einen vergeßnen Winkel
als die einsame Drossel endlich schwieg

Im sicheren Schatten damit eine Seele erwache
Reckt sich eine einsame heitre Stirn
auch sie beugt sich in der Kammer
Um Platz zu machen für ein stärkres Geschick

Die Geste des Mannes zerknirscht
Daß er noch immer geliebt wird, lieb
Wer es mir sagte. Nicht mehr dran denken

Denk nicht mehr dran der Neujahrshimmel
War fahl das Herz vor Schmerzen
zerknirscht, ach! Nicht mehr davon träumen!

VII

Draps sales lilas blanc
Le linge de famille
Le temps que l'on gaspille
Pour refaire un serment

Un collier de serpent
Le joueur de manille
Pour deux sous de vétille
A donné au sergent

Sa fille Bell'Hélène
Aux yeux fous qui sereine
a dit comme un bijou

Ce qu'il y a de plus doux
Pour un chaud cœur d'enfant:
Draps sales et lilas blanc

Demain j'aurai vingt ans.

VII

Schmutzige Leintücher weißer Flieder
Die Wäsche der Familie
Zeit die man vertut
Und dann schwört man doch wieder

Ein Halsband aus Schlangenhaut
Hat der Kartenspieler
Für zwei Sous Nichtigkeiten
Dem Feldwebel verkauft

Seine Tochter Hélène
Mit den verrückten Augen
sagte wie ein Schatz

Was das Schönste ist
Für das heiße Kinderherz:
Schmutzige Leintücher und weißer Flieder

Morgen werd' ich zwanzig.

VIII

De qui ai-je rêvé, de qui ai-je rêvé?
J'ai un sang chaud et fort et l'amour dans mes veines
J'aime autant le bleuet, j'aime autant la verveine
Mais moi qui m'a aimé, oh qui donc m'a aimé?

Toi qui passes et que je regarde muet
Devisant tristement que fleur n'est au pollen
J'hésite de crier le seul mot que je traîne,
calvaire lancinant sur ma lèvre butée!

O refrain saugrenu voici mon cœur à nu
Mes mains sanglantes L'aveu du livre relu
Sur la moire bleue de son front de belle enfant.

Ah! Le chant vaillant des ramiers mauves me navre
dans mon destin cassé je porte des cadavres
hideux... voici le bal il faut aimer... pourtant

VIII

Von wem nur träumte ich von wem nur träumte ich?
Ich habe starkes heißes Blut und Liebe in den Adern
Ich liebe Eisenkraut, ich liebe die Kornrade
Doch wer nur liebte mich, oh wer nur liebte mich?

Du die vorübergeht und der ich stumm nachsehe
mit dem tristen Spruch Pollen ohne Blüte
Schreie nicht das eine Wort das ich mit mir schleppe,
quälender Kalvarienberg meiner verstockten Lippe!

Oh ungereimter Refrain hier mein entblößtes Herz
Hände voll Blut Bekenntnis las erneut ein Buch
Auf dem blauen Moiré ihrer Stirn eines schönen Kinds.

Ach! Frecher Gesang der lila Tauben macht mich betrübt
in meinem zerbrochnen Geschick trage ich schreckliche Leichen...
hier spielt die Musik lieben muß man ... trotz allem

IX

Taffetas falbalas feuilles mortes,
Songes atones merveilles grises,
Pans trop fauves des vieilles églises,
Parfum serge calme des eaux fortes;

Dans l'oubli du feu que l'ombre avorte,
Et ombre où ma chimère s'enlise
J'ai vu la lun' la fleur de cerise
A la main faire le porte à porte,

Un soir tout était couleur d'oubli
La camomille sentait l'anis;
Ma douleur s'épaississait d'ivresse.

Mais le rossignol se tut blessé
et je retrouvais dans ma détresse
Mon désir amour dépareillé.

IX

Taft Faltenbesatz tote Blätter,
Schlaffe Träume graue Wunder,
Allzu blasse Wände alter Kirchen,
Duft von Serge ruhig wie starkes Wasser;

Im Vergessen des Feuers das der Schatten mir nimmt,
in dem Schatten fängt sich meine Schimäre
Sah ich den Mond mit einer Kirschblüte
In der Hand von Tür zu Tür hausieren,

Eines Abends hatte alles die Farbe des Vergessens
Die Kamille roch wie Anis;
Mein Schmerz wurde vor Trunkenheit ganz dicht.

Aber die Nachtigall schwieg verletzt
und in meiner Verlassenheit fand ich
Mein Verlangen unerwiderte Liebe.

X

Mon Dieu cette déraison,
Sur mes pas le même oubli,
Dans l'ombre, même fouillis
Contre l'arrière-saison

Toujours le même horizon
Là une tombe des ifs
Des hommes meurtris
Ici un pré, des maisons

Où s'élève une fumée.
– Eh, bien, en voilà assez
Assez, je suis jeune encor

J'ai deux mains, et un cœur d'or
J'ai l'audace et la ferveur
Tenez prenez-moi mon cœur

X

Mein Gott diese Unvernunft,
Hinter mir immer dieses Vergessen,
Im Schatten immer dieser Wust
Wenn das Spätjahr kommt

Immer derselbe Horizont
Dort ein Grab mit Efeu
Trauernde Menschen
Hier eine Wiese, und Häuser

Wo ein Rauch aufsteigt,
– Nun gut, es ist genug
Genug, ich bin noch jung

Ich habe zwei Hände und ein Herz aus Gold
Ich habe Kühnheit und auch Eifer
Hier nehmt mir ab mein Herz

XI

A ceux qui oublient.

Fut la dure leçon
Pour apprendre à t'aimer
Pense sauf pot cassé
Maille à maille un chaînon

à la décence des yeux

Clair comme une chanson
Pense sauf passe-pied
Ou baise main gantée
pis amour sauf félon

à la candeur du juron

Les crachats sont amers
La pacotille en verre
Se vend à toute époque

à la candeur du juron

Fut la dure saignée
N'oublie les pots cassés
Les baisemains *ad hoc*

à la décence des yeux.

XI

Für jene, die vergessen

War eine harte Zeit
Dich lieben zu lernen
Denke außer an die Scherben
Masche für Masche eine Kette

an den Anstand der Augen

Hell wie ein Gesang
Denke außer an den Passepied
Oder den Kuß auf behandschuhte Hand
schlimmste Liebe außer dem Betrug

an die Arglosigkeit eines Fluchs

Der Auswurf ist bitter
Aus Glas der Flitter
Verkauft sich zu jeder Zeit

mit der Arglosigkeit eines Fluchs

Es war ein schwerer Aderlaß
Vergiß nicht die Scherben
Die *ad hoc* geküßten Hände

für den Anstand der Augen.

XII

Quelle est donc cette plainte
Qui n'est jamais flétrie
Qui n'est jamais meurtrie
Dis quelle est cette crainte

Pleure vive l'outrage
ni rides ni besogne
Belle et nue mais ivrogne
Tu te veux sans courage

Ta terre te refoule
t'a vendue haut la houle
Ah! crève donc de rage!

Dans chaque lit on voit
ta mère ivre en rut pouaf!
le démon la croit sage.

XII

Was ist denn diese Klage
Die niemals verblüht
Die niemals zerdrückt ist
Sag was ist diese Furcht

Weine das Unrecht soll leben
keine Falten keine Plage
Schön und nackt doch dem Trunk ergeben
selbst schuld du bist ohne Mut

Dein Land verdrängte dich
verkaufte dich in hohem Bogen
Ach! Platze doch vor Wut!

In jedem Bett sieht man
deine Mutter trunken in Hitze, ach was!
Der Dämon hält sie für klug.

XIII

Caprice

L'air sentait l'huile de ricin
L'herbe était onctueuse et douteuse
Je revis la folle diseuse
Et notre joueur de buccin

L'angoisse épaulait l'ennui peint
sur les laques bleues où rêveuses
passent sans hargne les lépreuses
L'air suintait du vin des festins

Oh! certes pour qui a le cœur
à mal le ciel se fait veneur
le hic fait la cible des jours

Mais refaites amen adieu
Et beau serment de mort heureux
La vie peut être belle un jour

XIII

Kaprize

Die Luft roch nach Rizinusöl
Das Gras war schmierig und voller Zweifel
Ich sah die verrückte Sprecherin wieder
Und unseren Spieler auf der Buccine

Die Angst schulterte die geschminkte Langeweile
auf den blauen Seen wo die aussätzigen Frauen
träumerisch vorbeigehen ohne Gehässigkeiten
Schwitzte die Luft noch von Gelagen den Wein

Gewiß, wem das Herz schmerzt
den verfolgt der Himmel
dem ist der Haken das Ziel aller Tage

Aber sagt wieder Adieu und Amen
und schwört brav auf einen angenehmen Tod
Das Leben kann schön sein irgendwann einmal

XIV

Le pain bis

Sur les vitres sombres vert-cuit
Je t'ai cherchée comme un oiseau
Bleu ivre sous l'arche des mots
L'arbre n'avait plus qu'un seul fruit ...

J'ai quitté le jardin depuis
l'autre saison. Reviens bientôt
vrai je finirai il le faut
notre si beau meurtre à l'ennui.

Femme jolie amante aimée
Francs baisers salons verts froissés
Qu'est-ce l'air saigne le ciel doute

Oh que ceux qui partent sont beaux
Quand au ciel il y a des routes
Eux ils vont conquérir l'écho!

XIV

Das Mischbrot

Auf den dunklen Fenstern von gekochtem Grün
habe ich dich gesucht wie einen Vogel
Blau betrunken unter der Worte Bogen
Hatte der Baum nur noch eine Frucht ...

Ich habe den Garten verlassen schon
in der letzten Saison. Komm bald wieder
ich werde wirklich beenden es muß sein
unseren schönen Mord an der Langeweile.

Schöne Frau geliebte Freundin
offene Küsse zerknitterte grüne Salons
Was ist, es blutet die Luft zweifelt der Himmel

Ach wie sind die fortgehen schön
Wenn es im Himmel Straßen gibt
Gehen sie das Echo zu erobern!

XV

Sauvetage

Cœur mal oublié cœur saccagé
le fil craque cassé sur la trame
la saison croulant d'oiseaux fous clame
dans les coins verts de nids constellée:

Morts détrompés, morts sanctifiés,
bientôt le temps sera sang sur flammes
rendez-vous donc vendez-nous vos âmes
pour que refleurissent les trophées!

Il pleut toujours sur terre ô Destin
Qui m'a promis le temps d'un chemin
Souvenir... du jasmin... L'arbre griffe

La plaie qu'on lave au courant de l'eau
Les songes plongent pris en défaut
Mais le chant se recrée sur l'esquif.

XV

Rettung

Mühsam vergessenes ausgeraubtes Herz
der Faden reißt bricht an der Kette
der Sommer von verrückten Vögeln überfließend schreit
in den grünen von Nestern übersäten Winkeln:

Aufgeklärte Tote, geheiligte Tote
bald wird die Zeit Blut auf Flammen sein
ergebt euch doch verkauft uns eure Seelen
damit neu erblühen die Trophäen!

Es regnet stets auf Erden oh Geschick
Das mir die Zeit eines Wegs versprach
Erinnerung... an Jasmin... Der Baum zerfleischt

Die Wunde die man wäscht im Wasserlauf
Die falsch verstandenen Träume tauchen ein
Aber der Gesang ersteht neu auf dem Nachen.

XVI

Sans regret

à D. L.

Les roses c'est si vrai ne pouvaient plus fleurir
Fin automne sur ce Paris fardé de cendre
Cette vieille douleur plâtrée allait me pendre
Ombre seulette vivre c'était mon désir

Je marchais mon chemin je rêvais d'en finir
Avec ce bouge noir à déboires et revendre
Pour un sou ce si peu de chair jadis si tendre
O destin nargué ma passion partir partir

C'est si vrai les roses et la boue sale des lunes
Repeignaient sur ma ville ouverte le jet pur
D'un bouquet d'automne sur le macadam dur ...

La pluie a éclaté des chairs d'angélus bleus.
Tintait un glas lentement j'éteignais mon feu
Sans regret, oiseaux blancs, c'était humble fortune.

XVI

Ohne Reue

an D. J.

Die Rosen es ist allzu wahr konnten nicht mehr blühen
Am Ende des Herbstes über dem aschegeschminkten Paris
Der alte übertünchte Schmerz würde mich ergreifen
armer einsamer Schatten nur leben war meine Begier

Ich ging meinen Weg ich träumte von einem Ende
mit dieser schwarzen Absteige voll Verdruß
wollte für einen Sou das bißchen einst so zarte Fleisch verkaufen
Oh verhöhntes Geschick meine Passion nur fort nur fort

Es ist so wahr die Rosen und der Drecksumpf der Monde
Malten über meiner offenen Stadt den reinen Strahl
eines Herbststraußes auf den harten Asphalt ...

Der Regen ließ das Fleisch blauer Angelusse glänzen.
Klingelte ein Totenglöckchen löschte ich langsam mein Feuer
Ohne Reue, weiße Vögel, es war ein geringes Glück.

XVII

Donc fichu mon destin sauvez seul mon cerveau
Laissez-moi un atout rien qu'un cerveau d'enfant!
Où le soleil courait comme un crabe embêtant
Où les mers refluaient m'habillaient de coraux ...

Ils ne conviendront pas qu'enfant j'eus les boyaux
durs comme fer et la jambe raide et clopant
j'allais terrible et noir et fièvre dans le vent
L'esprit, un roc, m'y faisait entrevoir une eau;

Et ceux qui s'y baignaient se muaient en soleil
Je m'élançais vers eux des crocs de mon sommeil
Dans ce rut fabuleux ma tête s'est fêlée ...

Donc fichu mon destin l'eau qui rouille le fer ...
d'un clair de lune froid monte une terre ourlée
le soleil vrille encor franc dans mon poitrail clair.

XVII

Mein Schicksal ist also verloren rettet nur mein Gehirn
Laßt mir einen Trumpf nur das Hirn eines Kinds!
Wo die Sonne rannte wie ein lästiger Krebs
Wo die Meere zurückströmend mich in Korallen kleideten ...

Sie werden nicht zugeben ich hatte als Kind
Gedärme hart wie Eisen und ein steifes hinkendes Bein
ich ging furchtbar und schwarz und Fieber im Wind
Der Geist, ein Fels, ließ mich ein Wasser erspähen;

Und jene, die darin badeten wandelten in Sonne sich
Ich schwang mich zu ihnen aus den Angeln meines Schlafs
In jener märchenhaften Brunst bekam mein Kopf einen Riß ...

Mein Schicksal ist also verloren Wasser rostet das Eisen ...
aus einem kalten Mondlicht steigt eine kalte gesäumte Erde
die Sonne bohrt sich noch frech in meinen hellen Brustkorb.

XVIII

Les cloches se sont tues dans ma ville Mais Tu
sais le reste un brin d'ambroisie un peu de sang
et ma passion coincée dans l'écluse du temps
Les jours qu'il fallait compter à rebours la rue

Notre rue avec ses promeneurs beaux émus,
fiers et sonnant le cœur comme ce preux dément
qu'aucune bien-aimée n'écoute au soir venant
des regards des veillées et des déconvenues.

Mais les jours réglés sur d'effroyables je t'aime
Tout s'expliquait par le petit train du blasphème
On jouait je ne sais quoi..., un pieux hallali.

Seul, j'écoute, je doute, il pleut et c'est certain
Comme seul l'oiseau au plus fort des tragédies,
je chante pour n'être pas vaincu à la fin

XVIII

Die Glocken in meiner Stadt sind stumm Doch Du
kennst den Rest ein wenig Ambrosia ein bißchen Blut
und meine in der Schleuse der Zeit eingezwängte Liebe
Die Tage die man rückwärts zählen muß die Straße

Unsere Straße mit den Spaziergängern schön ergriffen,
stolz und tönend das Herz wie jener törichte Recke
den keine Geliebte erhört nähert sich der Abend
der Blicke der Gesellschaften und der Niederlagen.

Aber die Tage eingeteilt nach schrecklichen Ich-liebe-dichs
Alles erklärte sich aus einem kleinen Zug von Blasphemie
Wir spielten ich weiß nicht was... ein frommes Halali.

Allein horche ich, zweifle, es regnet, doch ganz sicher ist
Wie der Vogel am Höhepunkt der Tragödie,
Singe ich, damit am Ende man mich nicht besiegt

XIX

Jadis

Calice ocre et blanc et chairs fortes
Des mains tendues par déchéance
cœur où se dévêt mon enfance
Le vent chacal ricane aux portes ...

Par les feux roux que tu apportes,
Trop blets sont les fruits des semences
d'ou vive l'étoile s'élance
Le vent court dans mes jambes mortes

En attendant il faut qu'il pleuve
ma solitude fait la preuve
que j'ai bien trahi mes amis.

Né de mère inconnue, vénale
Ma faute grandira l'oubli
Je fus troqué contre le mal.

XIX

Einst

Kelch ockern und weiß und starkes Fleisch
Von Händen dargereicht aus Schwäche
Herz in dem sich meine Kindheit zeigt
Der Schakal Wind grinst schon an der Tür ...

Durch das rostfarbene Feuer das du bringst
werden die Früchte für die Aussaat zu teigig
von der der Stern sich lebhaft aufschwingt
Der Wind rennt in meinen toten Beinen

In der Zwischenzeit muß es wohl regnen
meine Einsamkeit ist der Beweis
daß ich meine Freunde wirklich verriet.

Geboren von unbekannter, käuflicher Mutter
wird mein Fehler das Vergessen steigern
Ich wurde gegen das Böse eingetauscht.

XX

Il pleut mon Dieu il pleut toute la ville est sale
Un manège me monte à la tête sublime
Je me sens centenaire et plaide ce faux crime
que je n'ai pas commis j'ai lu la loi pénale

Le ciel même est cassant devant mon ombre astrale
J'ai repris la palette des pleurs pour ma rime
Je suis nouveau à tout et le ciel se déprime
Il pleut mon Dieu il pleut toute la ville est pâle

Un manège me monte à la gorge La route
Laisse ici sa tresse Et l'on me distille goutte
à goutte une ambroisie ma défaite un adieu

J'ai repris ma palette des pleurs le chevalet
la fleur du genêt sur une brassée le vœu
J'ai froid mon Dieu dehors il fait si frais si frais.

XX

Es regnet mein Gott die Stadt ist voller Schmutz
Ein Karussell steigt mir in den erhabnen Kopf
Ich fühle mich wie hundert bezichtige mich des falschen Verbrechens
das ich nicht beging das Strafrecht kenne ich

Selbst der Himmel ist feindlich gegen meinen astralen Schatten
Ich nahm für meine Verse die Palette des Weinens wieder
Alles ist mir neu und der Himmel wirkt deprimiert
Es regnet mein Gott die ganze Stadt ist bleich

Ein Karussell steigt mir in den Hals Die Straße
läßt ihr Geflecht zurück ich werde destilliert
Tropfen für Tropfen ein Ambrosia mein Untergang Adieu

Ich habe wieder die Palette des Weinens die Staffelei
eine Ginsterblüte an einem Strauß der Wunsch
Ich friere mein Gott draußen ist es so kühl so kühl.

Les crépusculaires

(largo)

I

Le mal

à P. Bablet.

Ils ont craché sur moi, j'étais encore enfant,
Bras croisés, tête douce, inclinée, bonne, atone.
Pour mon ventre charnu, mon œil criait: aumône!
J'étais enfant dans mon cœur il y avait du sang.

Dans mes mains d'enfant public il y avait le temps,
La nuit, ma voix, au ciel, faisait les astres jaunes;
J'enfermais mon chant cru dans le fût d'un cyclone,
Je peignais des signes bleus sur les talismans.

Ils ont craché sur moi pour bénir l'inceste;
ma terre a jailli d'or et gangrené le reste
ils ont rampé plus bas, ils m'ont brisé les veines,

Et l'or sur mon sang faisait comme une éraillure
de fruit battu fange où tout volait en cassures ...
J'étais enfant couché sur un lit de verveine.

Dinge der Dämmerung

(Largo)

I

Das Böse

an P. Bablet.

Sie haben mich bespuckt, ich war ein Kind
Arme gekreuzt, zarter Kopf, gebeugt, klug und teilnahmslos
Für den fleischigen Bauch schrie mein Auge: Almosen!
Ich war ein Kind in meinem Herz war Blut.

In meinen Händen eines Straßenkinds da gab es Zeit
Nachts machte meine Stimme am Himmel gelb die Sterne;
Ich sperrte meinen Gesang roh in das Faß eines Zyklons,
Auf jeden Talisman malte ich blaue Zeichen.

Sie haben mich bespuckt um den Inzest zu weihen;
mein Land hat Gold verströmt den Rest brandig gemacht
sie sind tiefer gekrochen zu brechen mir die Adern,

Und das Gold hinterließ eine Art Schramme auf meinem Blut
aus zerquetschter Frucht Schlamm alles zerbarst in Risse ...
Ich war ein Kind lag auf einem Bett von Eisenkraut.

II

Retour

Mon signe est le cœur vert d'un soleil éraillé
livré pour offrande à tous ceux qui vivaient nus
plus bas que le destin qui fit mon sang têtu
plus têtu dans le roc où la mer s'est raillée

Ah je retourne à la lumière encanaillé
le temps s'encroûtera sur mes lèvres charnues
l'enfant naîtra sublime face aux cris de la rue
C'est son signe il aura un front souple émaillé

Le ciel bleu blanc. Des oiseaux d'onyx s'en reviennent
Comme des fruits trop mûrs il crève les antiennes
Son signe s'accroche aux branches comme un jet d'eau

S'en revient ma fée naine aux couleurs d'arc-en-ciel
J'invoque le travail m'amie trait du miel
je suis sauvé grâce à la couleur de ma peau

II

Rückkehr

Mein Zeichen ist das grüne Herz einer zerschrammten Sonne
gegeben zum Opfer allen die nackt leben mußten
Niedriger als das Geschick meines starrsinnigen Bluts
Starrsinniger im Fels den das Meer verhöhnte

Ach ich kehre zurück zu dem gesunknen Licht
die Zeit wird meine fleischigen Lippen krusten
das Kind wird erhaben geboren werden über den Schreien der Straße
Das ist sein Zeichen seine Stirn wird weich sein und verziert

Der Himmel blau und weiß. Vögel aus Onyx kehren daraus wieder
Wie überreife Früchte zerdrückt er die alten Leiern
Sein Zeichen hängt sich wie eine Fontäne an die Zweige

Daraus kehrt meine Zwergenfee zurück mit Regenbogenfarben
Ich bete zur Arbeit, meine Freundin melkt Honig
ich bin gerettet dank der Farbe meiner Haut

III

Les crépusculaires

Les cormorans rusaient dans le ciel opalin,
Grenouilles et croissant d'or! ô plénitude une!
torchis, sang flamboyant où tournoie ma rancune
Rien qu'une fois trahie soleil levé matin.

Non je ne veux plus battre à perdre sang mes mains
ô rêve qu'on me fasse au signe de la lune
Je veux après la danse au soir sur la lagune
Parée de pollen clair chasser toujours l'ondin.

J'étais gardienne des vignes et non des vaches
Seule contre seule, ô meurs pour qui te cravache
Qu'on me fasse au signe de la lune, ô saisons.

Christ trahi voici ma croix humaine de bois
Je dansais quand le voleur est entré chez moi
Est-ce raison de danser toujours sans raisons?

III

Tiere der Dämmerung

Die Kormorane manövrierten im opalen Himmel
Frösche und Goldhalbmond! o einige Fülle!
Strohlehm flammendes Blut darum kreist mein Grimm
Nur einmal verraten Sonne stand auf am Morgen.

Nein ich will meine Hände nicht mehr schlagen bis aufs Blut
o Traum ich würde gemacht im Mondeszeichen
abends will ich nach dem Tanz auf der mit hellen
Pollen prunkenden Lagune nur jagen den Nöck.

Ich war Wärterin der Reben nicht der Kühe
Alle gegen alle o stirb für den, der dich peitscht
Macht mich im Zeichen des Monds, o Jahreszeiten.

Verratener Christus sieh mein Menschenkreuz aus Holz
Ich tanzte als der Dieb eintrat in mein Haus
Ist es ein Grund immer zu tanzen ohne Gründe?

IV

Entendu dans le vent

Un, deux, trois, un as de pique, un valet de cœur:
Mauvais! un long voyage... où vous serez pendu –
Vous mourez dans un lit avec plein de vertus.
Une chance: Signe solaire à gauche... un malheur:

Je revois des champs noirs où se vautre un viveur
Etrange, étrange, et pourquoi ce bélier cornu
Après le roi de cœur un deux trois: Belzébuth ...
Un, deux, vous mourez donc; trois, et d'un mal au cœur:

Pendu tiens le soleil ne se déplace pas!
Ouvrez votre bouche et vos mains: des cancrelats!
Je ne vous vois ni père, ni mère, ni frères ...

Et ils ne sont ni morts, là... ni vivants, ni morts! ...
Bon! un, deux: scorpion, trois: vierge, ah ça c'est fort!
Monsieur, je voudrais voir comment sont vos viscères!

IV

Gehört im Wind

Eins zwei drei ein Pik-As, ein Herzbube:
Schlecht! eine lange Reise... man wird Sie hängen –
Sie sterben in einem tugendhaften Bett.
Ein Glück: Sonnenflecken links... ein Unglück:

Ich sehe wieder schwarze Felder suhlt sich darin ein Lebemann
Seltsam, seltsam und warum dieser gehörnte Widder
Nach dem Herzkönig eins zwei drei: Beelzebub ...
Eins, zwei, Sie sterben also; drei und zwar vor Übelkeit am Herzen:

Erhängt. Schaut die Sonne bleibt stehn!
Öffnen Sie Mund und Hände: Kakerlaken!
Ich sehe bei Ihnen weder Vater, Mutter noch Brüder ...

Und Sie sind weder tot, da... noch lebendig, noch tot! ...
Gut! Eins, zwei: Skorpion, drei: Jungfrau, au, das ist gut!
Monsieur, ich würde gerne nachsehn in Ihren Därmen!

V

Esquisse

à Daniel Rachline.

O torchis ensanglanté toi ciel vitriolé
de ma savane paille or des liqueurs mauvaises
vous lunes craquelées qui tatouez les glaises
ombres croisées mânes méchants hideux colifichets;

Des lézards, des cafards ont mis des arabesques
mutinées dans les voix. De sa chanson charnelle
le fauve a gangrené la terre qui craquelle;
et des feux dans les vents se dandinaient burlesques.

Ce pays se dentelle appauvri d'un ciel bas
l'hyène à genou lèche une vierge qu'on immola
pour la souillure mauvaise d'un chant païen.

Et l'ouragan déferle et la flamme survient
le fouet calque sur la peau une lettre rouge
les charognards plongent et l'œil qui les suit bouge ...

V

Skizze

an Daniel Rachline

Oh blutbefleckter Strohlehm säuregeätzter Himmel
meiner Savanne Stroh Gold der schlechten Liköre
ihr rissigen Monde die ihr den Lehm tätowiert
Gekreuzte Schatten böse Manen häßlicher Plunder;

Eidechsen Käfer haben die Stimmen mit
aufrührerischen Arabesken belegt. Der fleischliche Gesang
der Raubkatze hat die Erde brandig gemacht sie zeigt Risse;
Feuer schaukelten fröhlich im Wind

Dieses Land zähnt sich verarmt mit einem niederen Himmel
Die Hyäne leckt kniend eine Jungfrau die geopfert ward
wegen der üblen Befleckung durch heidnischen Gesang.

Und der Orkan entlädt sich, die Flamme erscheint
die Peitsche paust auf die Haut eine rote Letter
die Geier stoßen herab das Auge das sie verfolgt wird wach ...

VI

Effeuille ainsi la fleur
les miroirs s'embueront
au jeu des balafons
où l'eau crève un noceur

il avait pris la vie
par le mauvais côté
des chairs de nouveau-né
qui puent fort le gri-gri

et c'était hibiscus
ou fleur d'eucalyptus
effeuille effeuille effeuille

Ell' me prend dans ses bras
– rue mon fou-chèvrefeuille
– mon cœur en éclata ...

VI

Entblättere so die Blume
die Spiegel werden beschlagen
bei der Marimbenmusik
wo vom Wasser ein Prasser platzt

er hatte das Leben
an der falschen Seite gepackt
am Fleisch von Säuglingen
die stark nach gri-gri[1] riechen

und es war eine Hibiskus-
oder Eukalyptusblüte
entblättere entblättere sie

Sie nimmt mich in die Arme
– rase mein verrücktes Geißblatt
– daran zersprang mein Herz ...

[1]gri-gri: ein Zauber; d. Ü.

VII

La pierre est dure Il se fait dans mes mains des loques
se déchire le roc se déchire le lé
en mon cœur témoin il brûle ce flambeau-clé
ô volcans ô géants ressac à fendre roc

Roc témoin s'il éclate ah non n'éclatera
et si la chair est roc c'est: plus besoin de pleurs
je m'y fais je m'y fais hommes voici mes fleurs
à l'image du sang ce vent sonne un glas

Amour souffre douleur pierre gavée de chair
cœur de pierre et cœur de roc si troué cœur soffert
la charogne ça prouve à l'enfant qu'il rêvait

Cœur de pierre obtuse et l'amour à mort viendra
aux volcans aux géants cœur de roc mais voilà
la détresse ça prouve à l'oiseau qu'il sifflait.

VII

Der Stein ist hart Geht in Fetzen in meinen Händen
zerreißt der Fels zerreißt die Bahn
in meinem Zeugen Herz brennt das Schlüssel-Feuer
O Vulkane o Riesen Aufbranden daß Fels zerspringt

Zeuge Fels wenn er birst ach nein er wird nicht bersten
ist das Fleisch Fels: Weinen nicht mehr nötig
ich finde mich drein Menschen seht meine Blumen
Abbilder des Bluts der Wind läutet ein Totenglöckchen

Liebe leidet Schmerz Stein vollgestopft mit Fleisch
Herz aus Stein und Herz aus Fels durchlöchert Herz ertrug
das Aas beweist dem Kind es träumte

Herz aus stumpfem Stein die Liebe kommt zu Tode
an den Vulkanen den Riesen Herz aus Fels doch seht
seine Traurigkeit beweist dem Vogel daß er pfiff.

VIII

C'etait quand les soleils soufflaient sur les clairières
Tous deux dansions une valse lente et terrible
la pluie toujours venait lente à nous sa cible.
Nous étions Elle et moi que mains et paupières

Et dans nos voix toujours les chansons les lumières
s'enflammaient rêve ancré dans une belle eau paisible
les vents étaient de taille volupté Terrible
ce long chemin – toujours – où croisaient des sorcières

les serpents dans leurs mains faisaient des sortilèges
déments nos pieds dansant mille sons mille arpèges
Et toi voilée moi chaste après vigilant fou

Volupté volupté du sang sur la prairie
je suis passé par là près de l'arbre du génie
les vents prêchaient le Christ est un fétiche à clous.

VIII

Es war als die Sonnen auf die Lichtungen bliesen
Wir tanzten zu zweit einen Walzer, langsam und grausig
der Regen fiel langsam immer auf uns sein Ziel.
Wir waren Sie und ich nur Hände und Lider

Und in unseren Stimmen immer die Lieder die Lichter
loderten auf Traum ankernd in schönem Wasser friedlich
die Winde waren ebenso stark Wollust Grausig
dieser lange Weg – immer – kreuzten uns Hexen

die Schlangen in ihren Händen sagten wahnsinnige Zauber
unsere Füße tanzten tausend Töne tausend Arpeggien
Und du verschleiert ich keusch danach wachsam verrückt

Wollust Wollust Blut auf der Steppe
ich mußte hindurch dicht am Geisterbaum
die Winde predigten Christus ist ein Fetisch mit Nägeln.

IX

Largo

M'empoisonnent
les romances rares,
les civilités entre citadins,
les filles aux seins beiges
les noms des villes
m'empoisonnent.

Me désole
ce ciel si plat,
la pluie qui tombe
ma voix qui m'agace
me désole.

M'affole
cette eau si pure
ce dont je me souviens
les couleurs du temps
l'oubli mal niché
mes mains qui durcissent
m'affolent.

M'étonne
le jour qui tarde
les paysages trop gris
ma forme qui déserte
la bûche qui fume
mon destin qui ne vient
m'étonne.

IX

Largo

Vergiften mich
    die seltenen Romanzen,
    die Höflichkeit unter Stadtbewohnern,
    die Mädchen mit beigen Brüsten
    die Namen der Städte
        vergiften mich.

Mich betrübt
    dieser so flache Himmel,
  der Regen der fällt
    meine Stimme dich mich ärgert
        betrübt mich.

Mich erschreckt
    dieses so reine Wasser
    was ich erinnere
    die Farben der Zeit
    das schlecht versteckte Vergessen
    daß meine Hände hart werden
        erschreckt mich.

Mich erstaunt
    der Tag der sich verspätet
    die Landschaften zu grau
    meine Kraft die desertiert
    der Scheit der raucht
    mein Geschick das ausbleibt
        erstaunt mich.

X

Passe-Temps

Les mots n'ont pas des centre de gravité
Ils tiennent debout penchés ou couchés.

La lumière n'a pas de sillage,
La vie la vie rendez-moi la vie!

Le chemin n'est pas un drap,
La rose, c'est drôle, ce n'est pas le lilas.

La soie n'est pas tout à fait la rayonne,
L'homme a inventé seul le gramophone.

J'imagine une tombe sans croix,
Une mer sans houle, un pays sans lois.

J'imagine une pluie sans pli,
Un oiseau sans plumes, un oiseau sans nid, blanc.

Drôle d'histoire que la mienne,
Une jalousie sans persienne... Qu'elle revienne.

Mon cœur sans douleur,
Un parfum sans douceur ...

Des passe-temps sans larmes, ni supplices
Qui soient des miroirs sans charmes... ni malices.

X

Zeitvertreib

Die Wörter haben keinen Schwerpunkt
Sie halten sich aufrecht ob gebückt oder liegend.

Das Licht hat kein Kielwasser,
Das Leben das Leben gebt mir das Leben zurück!

Der Weg ist kein Leintuch,
Die Rose, wie witzig, ist kein Flieder.

Die Seide ist nicht ganz der Rayon,
Der Mensch erfand nur das Grammophon.

Ich stelle mir vor ein Grab ohne Kreuz,
Ein Meer ohne Wellen, ein Land ohne Gesetz.

Ich stelle mir vor ein Regen ohne Fehler,
Ein Vogel ohne Federn, ohne Nest, weiß.

Eine komische Geschichte ist die meine,
Eine Jalousie[1] ohne Läden... ach käme sie wieder.

Mein Herz ohne Kummer,
Ein Duft ohne Süße ...

Zeitvertreib ohne Tränen, ohne Marter
Sollten Spiegel ohne Zauber sein... und ohne Bosheit.

[1] Jalousie frz. auch Eifersucht; d. Ü.

XI

Symbole

Une toupie tourne
Qu'importe sa valse
L'enfant seul regarde
Le chien vient aboie
Les yeux portent mal
Le délire des feuilles
Un chien vient aboie
O que m'as-tu juré?

Je tends mal mes mains
Sans croire aux miracles
Qu'importe ma valse
J'ai fermé les yeux,
Je vais être absent
Sur ma vie chagrine,
L'enfant seul regarde
Une toupie tourne

XI

Symbol

Ein Kreisel der sich dreht
Was nützt sein Tanz
Nur das Kind schaut hin
Der Hund kommt und bellt
Die Augen ertragen nicht gern
Das Delirium der Blätter
ein Hund kommt und bellt
o was schwörtest du mir?

Ich reiche meine Hände ungern dar
Ohne an Wunder zu glauben
Was nützt mein Tanz
Meine Augen sind zu,
Ich werde fort sein
Aus meinem Kummerleben,
Nur das Kind schaut hin
Ein Kreisel der sich dreht.

XII

Espérance, o savanes

Le jour t'élève à l'envers des soleils couchants
Qui es-tu hurleur ta tête tourne au vin bu
La volée des feuilles flagelle ton corps nu
Qui es-tu quel poison écartèle ton sang
La fleur du caféier lève et s'ouvre au silence
Des savanes.

Il monte il vient un songe du fond des étangs
Géant du chaos le rêve est ressuscité
Les âges vont pendre à la chair si décriée
La mer détraquée racle à chaud un mal dément
La fleur du caféier lève et s'ouvre au silence.
O savanes!

Sur chaque tombe lourde il pèse une amulette
L'oraison païenne affuble des ossements
A tous les cœurs perdus le signe triste ment
De la plaie l'ombre enfin se porte à l'eau. Défaite!
La fleur du caféier va s'ouvrir au silence!
O savanes!

Dos à dos et seul contre seul il fut jadis
Un long chemin s'en souvenir la chair craquelle
Paradisier déploie au vent tes plumes belles
Croix du sud dans la nuit terreuse irradie
La fleur du caféier lève et s'ouvre Espérance
O savanes ...

XII

Hoffnung, o Savannen

Der Tag erzieht dich an der Kehrseite der Sonnenuntergänge
Wer bist du Brüllaffe deinem Kopf schwindelt vom vielen Wein
Der Flug der Blätter züchtigt deinen nackten Leib
Wer bist du welches Gift vierteilt dein Blut
Die Blüte des Kaffeestrauchs erhebt und öffnet sich zum Schweigen
Der Savannen.

Es steigt es kommt ein Traum vom Grund der Teiche
Riese des Chaos der Traum ist wiedererstanden
Die Zeitalter werden hängen am so geschmähten Fleisch
Das verdorbene Meer kratzt wild an einem wahnwitzigen Übel
Die Blüte des Kaffeestrauchs erhebt und öffnet sich zum Schweigen.
O Savannen!

Auf jedem schweren Grab wiegt ein Amulett
Die heidnische Rede umkleidet Gebeine
das triste Zeichen belügt alle verlorenen Herzen
Von der Wunde reicht der Schatten endlich ans Wasser. Niederlage!
Die Blüte des Kaffeestrauchs wird sich öffnen zum Schweigen
O Savannen!

Rücken an Rücken alle gegen alle war einst
Ein langer Weg die Erinnerung läßt das Fleisch in Risse bersten
Paradiesvogel entfalte im Wind dein schönes Federkleid
Kreuz des Südens leuchte in der erdigen Nacht
Die Blüte des Kaffeestrauchs erhebt und öffnet sich Hoffnung
O Savannen ...

XIII

Le gros sang

J'ai donné ma tête contre un faux néant
Pour retrouver la large épopée des géants ...
Je suis l'acier trempé, le feu des races neuves
Dans mon gros sang rouge écument troublants des fleuves

Des fleuves où végètent crûment des poisons
Monde grossièreté Astre gueule à jurons
Vois j'apporte plus d'un rêve humain dans mes mains
Il me faut l'espace et j'ai honte de la faim

Ma chair a rudement crié contre mes tempes
Des passions pailletées soleils flottants sans hampe
Mon destin écorché éclate de soleil
Il ne faut plus dormir je sonne les réveils

Au coin d'un ciel ô charognard temps malmeneur
Tu n'auras pas ma carcasse je sors vainqueur
Ma prunelle est d'acier mon rire est de fer
Mes mains ont tout détaillé j'ai fait le jour clair

J'ai disloqué les vents puisqu'il faut qu'on m'entende
Pour retrouver blessant les désirs qu'on ne vende
Je suis l'acier trempé, le feu des races neuves
Dans mon gros sang rouge écument troublants des fleuves

XIII

Das dicke Blut

Ich gab meinen Kopf gegen ein falsches Nichts
Um die weite Epopöe der Riesen wieder zu finden ...
Ich bin der gehärtete Stahl, das Feuer der neuen Rassen
In meinem dicken roten Blut schäumen verwirrend Flüsse

Flüsse in denen roh Gifte dahinsiechen
Erde Grobheit Stern Maul voller Flüche
Sieh ich bringe mehr als einen Menschentraum in meinen Händen
Ich brauche Raum und schäme mich des Hungers

Mein Fleisch schrie laut gegen meine Schläfen
Paillettengeschmückte Passionen wehende Sonnen ohne Mast
Mein gehäutetes Geschick funkelt vor Sonne
Man darf nicht mehr schlafen ich läute zum Wecken

Im Winkel eines Himmels o aasende Zeit Würgerin
Meine Leiche bekommst du nicht ich bleibe Sieger
Meine Pupille ist aus Stahl mein Lachen aus Eisen
Meine Hände beschrieben alles genau ich schuf den hellen Tag

Ich renkte die Winde aus man muß mich hören
Um die unverkäuflichen Begierden verletzend wieder zu finden
Ich bin der harte Stahl, das Feuer der neuen Rassen
In meinem dicken roten Blut schäumen verwirrend Flüsse

XIV

Silences

— On peut tout dire avec une main
qui s'ouvre à la honte

— on peut tout défaire avec une bouche
qui ment à l'amour

— on peut tout voir dans le ciel de pluie
même les destinées mortes à l'espoir

— Un pont passe entre nos deux corps rives si lointaines
et l'arche se brise au rêve d'unisson
une route qu'on construit à ma rencontre
et je simule la paresse
marcher pour marcher
        Quelle bassesse!
on me reconnaîtra parmi les larrons

— J'étais probe... Ah les diadèmes!

XIV

Schweigen

— Man kann alles sagen mit einer Hand
die sich der Schande öffnet

— man kann alles zerstören mit einem Mund
der bei der Liebe lügt

— man kann am Regenhimmel alles sehen
selbst die vor Hoffnung gestorbenen Geschicke

— Eine Brücke spannt sich zwischen unseren Leibern weit entfernten Ufern
ihr Bogen zerbricht am Traum vom Einssein
eine Straße die man baut um mich zu treffen
ich täusche Trägheit vor
gehen nur um des Gehens willen
Welche Niedertracht!
Unter Räubern wird man mich erkennen.

— Ich war ehrlich... Ach, die Brautkränze!

XV

Le signe du mauvais sang

Je suis le Bronze l'alliage du sang fort qui gicle quand souffle le vent des marées saillantes

Le destin des divinités anciennes en travers du mien est-ce raison de danser toujours à rebours la chanson?

J'étais amant à folâtrer avec les libellules; c'était mon passé – ma mère me mit une fleur de verveine sur ma prunelle brune.

Je sentis mon sang allié sourdre des cadences rauques où bâillaient des crapauds pieux comme des amis.

Très pur le destin d'un crapaud!

Un pays tout latérite, des cauchemars qui fendent le crâne avec la hache des fièvres.

J'accuse la lumière de m'avoir trahi.

J'accuse la nuit de m'avoir perdu.

En vain, je promène une morte dans mon destin et le rire des mères et mon cœur enlisant et ce fleuve si lisse où ne poussera le liseron fin je porte aux mondes deux mains et leurs dix doigts pour une arithmétique élémentaire òu se chiffrent naître aimer mourir et le corollaire qui est du corail colorié.

XV

Das Zeichen des bösen Bluts

Ich bin die Bronze die Legierung des starken Bluts das spritzt wenn der Wind der Springfluten weht

Das Geschick der alten Gottheiten stets dem meinen entgegen ist das ein Grund das Lied immer rückwärts zu tanzen?

Ich liebte so sehr daß mit den Libellen ich mich vergnügte; das war meine Vergangenheit – meine Mutter legte mir eine Blüte von Eisenkraut auf meine braune Pupille

Da spürte ich wie mein verschmolzenes Blut von rauhen Rhythmen tönte, bei denen Krebse fromm wie Freunde gähnten.

Sehr rein so ein Krebsgeschick!

Ein Land ganz aus Laterit, Alpträume spalten den Schädel mit der Hacke des Fiebers.

Ich klage das Licht an es hat mich verraten.

Ich klage die Nacht an sie hat mich verloren.

Vergebens, ich trage eine Tote in meinem Geschick und das Lachen der Mütter und mein verstockendes Herz und den so glatten Fluß wo die Winde nicht wächst ich bringe auf die Welten zwei Hände mit allen zehn Fingern für eine Grundrechenart, sie chiffriert geboren werden lieben sterben und ihr Korrelativ, kolorierte Koralle.

De mémoire d'homme l'orgueil fut vice j'en fais un Dieu pour vivre à la hauteur des hommes d'honnêtes fortunes.

Je suis homme je suis nègre pourquoi cela prend-il le sens d'une déception?

Dix doigts pour une arithmétique élémentaire.

J'ai beau être le Bronze il m'en souvient: tout Juif est un régicide-né le Christ est un innocent et il faut que meurent les innocents, mais moi je n'ose mon suicide.

Alors le Golgotha c'est quoi? je n'ai pas choisi d'être bâtard. Vint la cruauté la saveur aux lèvres.

La logique veut: il faut construire le monde ...

Mais il eût fallu graver sur les pierres d'autres symboles et voir à tout prix dans le monde des regards qui fondent en larmes.

J'aurais payé mon tribut.
Splendeur! ...

Fleuve non mer non lac non, arbre oui arbre mauve à l'endroit du soleil rond, arbre la nuit mille et mille lucioles en font un diamant brut comme la naissance et j'ouvre mes bras pour me chercher une mère-Misère! Pitié! Splendeur! Clopin-clopant infernale cadence! fleuve mer lac non non viendra l'orfèvre Je fermerai mes bras pour retrouver un cœur de pierre. Crève donc!

Avant écoute c'est le chant du coq la terre est lumière nous allons mourir le cercle de la vie va nouer sur nous son énigme les bêtes sont des fantômes nous sommes leur conscience chut! la lune... je suis mort par vilenie mort mort sanglant – Splendide! par un clair de lune du coton blanc dans mes narines noires.

Seit Menschengedenken war Stolz ein Laster ich mache ihn zum Gott um auf der Höhe der Menschen mit ehrlichem Schicksal zu leben

Ich bin ein Mensch ich bin Neger warum liegt darin eine Enttäuschung?

Zehn Finger für eine Grundrechenart.

Ich mag wohl die Bronze sein, sie erinnert mich: jeder Jude ist ein geborener Königsmörder Christus ist unschuldig und die Unschuldigen müssen sterben, aber ich wage meinen Selbstmord nicht.

Was ist also Golgotha? Ich wollte nicht gern ein Bastard sein. Da kam die Grausamkeit der Geschmack auf den Lippen.

Die Logik verlangt: die Welt muß aufgebaut werden ...

Aber man hätte auf die Steine andere Symbole ritzen und um jeden Preis auf der Welt Blicke sehen müssen die in Tränen auflösen.

Ich hätte meinen Tribut gezollt.
Welche Pracht! ...

Fluß nein Meer nein See nein, Baum ja violetter Baum an der Stelle der runden Sonne, Baum nachts machen Abertausend Leuchtkäfer einen Rohdiamant aus ihm wie die Geburt und ich öffne die Arme um mir eine Elendsmutter zu suchen! Erbarmen! Pracht! Geklapper höllischer Takt! Fluß Meer See nein nein der Goldschmied kommt. Ich werde meine Arme schließen um wieder ein Herz aus Stein zu finden. Zerspringe doch!

Vorher horch der Hahnenschrei die Erde ist Licht wir werden sterben der Kreis des Lebens wird mit uns sein Rätsel schließen die Tiere sind Phantome wir sind ihr Gewissen still! der Mond... Ich bin gestorben an Ruchlosigkeit tot voller Blut – Prachtvoll! Bei Mondenschein weiße Watte in meinen schwarzen Nüstern.

Les chacals se sont tus pour m'entendre chanter O terre hantée Trois fois je t'exorcise. C'est moi – j'appelle folie ce qui dénoue l'homme.

Les limaces lissant leur chemin ne parlent pas d'audace où trouver un symbole fort: les poux tenaient à mon corps.

Danse il danse dans mon cœur comme une terreur. Je bâille à Chrétienté Vive moi – ni chaud ni froid ni châtré vivant parmi la luxure.

Ils marchent à pas lents des orphelins nus de honte comme si avec le sens que nous avons du monde il est permis à des orphelins privilégiés d'être sans père Quelle comédie!...

Ils ont des ongles qu'ils se font chaque matin quand l'aube éclate et ils voient dans le désert des miroirs le peu de profondeur qu'ont leurs âmes ils s'écorchent le cœur.

Non nous retournons à la Matière Le feu brûle l'eau mouille la lumière n'a pas de trace.

Le vin bu me ramenait à cette autre certitude-ci il faut souffrir pour être un homme comme il faut et avoir hors des songeries des châteaux en Espagne – (l'Espagne est un faux pays) – Un homme comme il faut c'est-à-dire un homme dément un homme au bas sens du mot homme – une «hache» aspirée deux «je t'aime» ... un nœud E muet abstrait le corollaire une arithmétique élémentaire ...

Les corbeaux comme les pies vénèrent les épouvantails Ce sont disent-ils des idoles humaines; nous nous sommes pour la légalité, le respect des cultures, des préséances! Et ils ouvrent grandes leurs ailes et chantent des Te Deum en bas latin pies-corbeaux.

Die Schakale sind verstummt um mein Lied zu hören O besessene Erde Dreimal exorziere ich dich. Ich bin's – ich nenne Wahnsinn was den Menschen befreit.

Die ihren Weg glättenden Schnecken sprechen nicht von Mut um ein starkes Symbol zu finden: die Flöhe hingen an meinem Leib.

Tanze er tanzt in meinem Herzen wie ein Schrecken. Ich gähne übers Christentum Ich soll leben – nicht kalt nicht heiß nicht kastriert ich lebe mitten in Lüsternheit.

Sie gehen langsam mit Waisenkinderschritten nackt vor Scham als wäre es bei dem Sinn den wir von der Welt haben erlaubt, daß privilegierte Waisenkinder ohne Vater sind. Was für ein Theater! ...

Sie haben Nägel sie feilen sie sich jeden Morgen wenn die Morgenröte aufbirst und sie sehen in der Wüste Spiegel bei dem geringen Tiefgang ihrer Seelen zerschrammen sie sich die Herzen.

Nein wir kehren zur Materie zurück Das Feuer brennt das Wasser netzt das Licht läßt keine Spur.

Der viele Wein brachte mich zu jener anderen Gewißheit man muß leiden um ein brauchbarer Mensch zu werden und außer Träumereien spanische Luftschlösser haben – (Spanien ist das falsche Land) – Ein brauchbarer Mensch das heißt ein blöder Mensch ein Mensch im niederen Sinn des Worts «Homme» – ein aspiriertes «H» wie Hacke zwei «ich liebe dich» eine Schleife stummes E abstrakt eine Grundrechenart das Korrelativ ...

Die Raben wie die Elstern verehren die Vogel scheuchen Sie sagen es sind menschliche Idole; wir aber sind für Legalität[1], Achtung der Kulturen, der Weissagungen! Und sie öffnen ihre Flügel weit und singen ein Te Deum im Küchenlatein der Raben-Elstern.

[1] Frz. légalité; Parodie auf die Forderungen der Französischen Revolution: «Liberté, égalité, fraternité». d. Ü.

J'ai beau être le Bronze il m'en souvient il est permis d'être un régicide il est mal de porter une couronne d'épines même pour innocenter un peuple innocent.

Mes pieds sur ma savane inscriront des chemins l'Aube douce éclate dans ma gorge je peins la nuit pour que le jour soit éternité. Je crée la Fraternité puisque le Christ ce Juif vendu a payé pour toutes les âmes damnées. Il y avait des cailloux noirs et blessants sur le sentier qui menait au Golgotha. Donc je proclame la force et le chiffre humain. Je ne crie pas la haine j'irai partout chercher où sont dispersés tous mes fétiches à clous pour leur retrancher les trois clous de la croix. Le Christ se servit d'une croix de bois pour usurper contre le temps le destin d'un peuple plus concret que tous les couteaux tirés du crime.

Ça y est ce sont bien les tracteurs qui s'engueulent sur ma savane.

Non c'est mon sang dans mes veines!
Quel mauvais sang!

Ich mag wohl aus Bronze sein sie erinnert mich, es ist erlaubt ein Königsmörder zu sein, eine Krone aus Dornen zu tragen ist schlecht, selbst um zu sühnen für ein unschuldiges Volk.

Meine Füße werden auf meiner Savanne Wege einschreiben Die süße Morgenröte birst in meiner Kehle ich bemale die Nacht damit der Tag ewig währt. Ich schaffe die Brüderlichkeit denn Christus dieser verkaufte Jude hat für alle verdammten Seelen bezahlt. Es waren schwarze, spitze Steine auf dem Pfad nach Golgotha. Ich proklamiere also die menschliche Kraft und Zahl. Ich schreie nicht Haß ich werde überall suchen nach meinen zerstreuten Nagelfetischen um ihnen die drei Nägel des Kreuzes zu streichen. Christus benutzte ein Kreuz aus Holz um gegen die Zeit einzusetzen das Geschick eines konkreteren Volks als alle Messer, zum Verbrechen gezückt.

Es ist so weit, es sind wirklich Traktoren die sich auf meiner Savanne anbrüllen.

Nein, es ist das Blut in meinen Adern!
Welch böses Blut!

Hans-Jürgen Heinrichs

Der Irrtum der Geburt
Biographie und Sprache in der Lyrik Tchicaya U Tam'sis

I

Tchicaya U Tam'si wird am 25. 8. 1931 in M'Pili (nahe bei Pointe-Noire) geboren und stirbt in der Nacht des 21. 4. 1988 in Bazancourt (Gournay, l'Oise). Seine frühe Kindheit ist durch die Abwesenheit seines Vaters geprägt, der 1938 in die Kolonialarmee eingezogen wurde und erst 1942/43 zurückkehrte. Das Kind ging als das erste seiner Umgebung in eine europäische Volksschule, wo es von den Mitschülern nicht akzeptiert wurde («Me voulait-on un sang aryen?» heißt es später in dem Lyrikband *Arc Musical*). 1946 wird sein Vater als Abgeordneter des «Moyen-Congo» in die «Assemblée Nationale Française» nach Paris entsandt und nimmt den Sohn mit. Dieser glaubte, die Reise, die ihm wie ein Traum vorkam, führe ihn zurück an den Ort, wo seine Mutter lebte (M'pita), während sein Vater von M'poutou (Europa) sprach.

Er ging in Orléans und später in Paris zur Schule, die er 1951, vor dem Abitur, verließ («es war die Hölle, ich wußte nichts», erinnert er sich später), führte das Leben eines Vagabunden – Rimbaud ist sein Vorbild –, war Reitknecht und Landarbeiter, Gelegenheitsarbeiter, schließlich Journalist bei «Radio de la France d'Outre-Mer», bevor er zu Beginn der Unabhängigkeit des Kongo im August 1960 nach Léopoldville zurückkehrte und für drei Monate die Zeitung «Congo», das Organ der M.N.C. (Mouvement National Congolais), leitete. «Dort traf ich den Mann, der mich nach meinem Vater am meisten faszinierte: Patrice Lumumba.»

Sein Vater, mit dem er, im selben Jahr des Aufbruchs nach Europa, schon eine Reise von Pointe-Noire nach Brazzaville unternommen hatte, war einer der

Wegbereiter des modernen Kongo; seiner Zeit intellektuell und moralisch voraus, ein visionärer und prophetischer Kopf, wie nicht nur Tchicaya U Tam'si betonte. In Lumumba fand Tchicaya diese historische Größe noch mächtiger und in der Rolle des Märtyrers – ein ‹afrikanischer Jesus› – wieder. Im November des gleichen Jahres kehrte er nach Paris zurück, wurde 1961 Kulturattaché und Mitarbeiter der UNESCO und blieb es bis zu seinem Rücktritt im Jahr 1985. Er führte Projekte zur Verbesserung des Unterrichtswesens in Afrika durch. Er war Präsident der «Union des Ecrivains du Monde Noir».

Tchicaya U Tam'si publizierte 1962 (im Anschluß an seine frühen Gedichtsammlungen) *Epitomé,* Gedichte, die unmittelbar Bezug auf die politischen Ereignisse in Kongo nahmen. Dank der Promotion durch Senghor – der in Tchicayas Dichtung die Tradition der oralen Literatur (zwischen Erzählung, Gesang und Poesie) auf einzigartige Weise verlebendigt sah – erhielt der Band den «Grand Prix de Poésie» beim Festival Mondial des Arts Nègres, 1966, in Dakar.

In den folgenden Jahren wurde sein Werk auch in größerem Umfang literaturkritisch von Gerald Moore, Claire Céa und anderen beachtet. 1967 leitete Lilyan Kesteloot das Kapitel «La poésie moderne» (in ihrer *Anthologie négroafricaine)* mit Tchicaya U Tam'sis Werk ein und exponierte die Gedichtsammlung *Epitomé* mit den darin ausgedrückten «starken Emotionen der Wut, des Kummers, der Revolte und Verzweiflung, aber auch der Hoffnung auf eine bessere Welt», formuliert in einer «schwierigen Symbolsprache«, mit «brutalen Bildern» und einer «verdichteten Syntax» («entsprechend dem Buschland, wo er aufgewachsen ist, entsprechend seinem scheuen und argwöhnischen Charakter»). Manuskripte der erst sehr viel später veröffentlichten Romane existierten zum Teil bereits um 1962, so daß die chronologische Dreiteilung seines Werkes in Lyrik, Dramatik und Epik nicht ganz stichhaltig ist.

Die Rolle, die Tchicaya U Tam'sis Kindheit für seine schriftstellerische Entwicklung spielte und auf welche Weise sie Eingang in sein Werk fand, soll hier nur skizziert werden. Tchicaya war als Kind körperlich stark gehbehindert und dadurch besonders isoliert; er empfand sich sowohl in Afrika wie dann auch in Frankreich als «Untermenschen», erlebte «des saisons en enfer». Außerdem plagte ihn lange Zeit Malaria – «Fieber» und «sich im Kreise drehende Sonnen» sind konkrete und poetisch transformierte Bilder seiner Kindheit.

j'allais terrible et noir et fièvre dans le vent (Le mauvais sang)

Wie sich situieren, wo den Ort für die eigene Existenz finden, was an die Stelle der verlorenen Kindheit setzen («es ist mir eine Riesenanstrengung, meine Kindheit zu erinnern»; «vergebt mir meine Kindheit»; «Geboren von unbekannter, käuflicher Mutter»)? Die Literatur nimmt diesen Ort ein. Das Schreiben wird als Ich-stärkende Reaktion auf die Verhöhnung begriffen.

«Wenn man allein oder ein Narr ist, macht man Gesten, die die anderen nicht verstehen, oder aber man ist Dichter – so war ich also Dichter geworden . . .»

Im Rückblick erscheint die Behinderung als Voraussetzung für das Ausscheren und die Verweigerung; die Isolierung («alors je dansais seul») als Basis der verstärkten Beziehung zu sich selbst; der Spott als Anstoß, um den Blick auf Anderes zu lenken und die Helligkeit und Schönheit (zum Beispiel in der Natur) sehen zu lernen.

Die Kindheit spielt in der gesamten Négritude-Literatur eine große Rolle, evoziert sie doch immer auch den kollektiven Aufbruch, die «Kindheit» des ‹versunkenen› Afrika und der neuen afrikanischen Gesellschaften. Trotz der utopischen Entwürfe einer zukünftigen, besseren Gesellschaft figurierten die Heimat und das Vergangene dennoch als Orte und Symbole der Geborgenheit (exemplarisch in Senghors Dichtung und, differenzierend, in Camara Layes Roman *L'Enfant noir,* 1953). Bei Tchicaya U Tam'si und anderen Schriftstellern der jüngeren Generation wird die Kindheit nicht mehr als Freiraum gesellschaftlicher und familialer Unschuld begriffen («l'enfance et l'Eden», «jardin d'enfance», «royaume d'enfance») – die Unabhängigkeitsbewegungen haben den Blick für die kolonial gebrochene Kindheitserfahrung weiter geschärft.

1946/48 hatte Tchicaya U Tam'si seine ersten Stücke und ein Gedicht geschrieben, das über seinen Vater zu Aimé Césaire gelangte, der es «ausgezeichnet» nennt. «Voici mon fils il est poète», so zeigt ihn später sein Vater stolz im eigenen Land herum. Nach einer Operation im Erwachsenenalter konnte Tchicaya sein Leiden fast vollständig auskurieren. Der von seinen Freunden als mißtrauisch und aggressiv (vor allem auch gegen Frauen) und voller Selbstmitleid geschilderte Tchicaya war in den letzten Jahren vor seinem Tod heiter, offen und unbeschwert.

Gabriel Garran, der im Oktober 1988 mit großem Erfolg Tchicayas Stück «Le Bal de N'Dinga» in Paris inszenierte, spricht von seiner «Wärme» und erinnert an eine von Tchicaya U Tam'si im Scherz gebrauchte Selbstcharakterisierung, als «cœur d'artichaut»: ein unsichtbares, verborgenes und schwer zugängliches, stacheliges Herz. So wie er sein Herz als verhüllt empfand, sah er sich körperlich und seelisch nackt und entblößt, seiner «Geschichte beraubt». In *Epitomé* wird er ein Stück dieser Raub-Geschichte poetisch darstellen.

Für Edouard Maunick * (dem ersten Preisträger des «Prix Tchicaya U Tam'si», 1986, in Asilah) ist *Epitomé* (1962) die Summe des poetischen Werkes von Tchicaya U Tam'si bis Mitte der sechziger Jahre. In *Le mauvais sang*, *Feu de brousse* und *A Triche-cœur* habe er das «Holz» gesammelt, das in *Epitomé* zu einem Feuer entfacht werde, ein Feuer, das fünfzehn Jahre später mit dem Theaterstück «Le Zulu» erneut und mit gleicher Stärke, auflodert.

Den Roman *Les Cancrelats,* der zur Zeit von *Epitomé* schon immer wieder umgeschrieben, vorlag, aber erst 1980 bei Albin Michel erschien, nachdem ihn Présence Africaine abgelehnt hatte, hält Maunick, ebenso wie *Les Méduses . . .* für periphere Arbeiten, die nicht die Dichte des poetischen Werks erreichen. Maunick sieht Tchicaya U Tam'si – in der Nachfolge von Baudelaire und Rimbaud – als einen *Dichter*, der in der Poesie seiner Existenz den adäquaten Ausdruck verleihen konnte; als einen *Rebellen*, der sich zwischen Einsamkeit und dem Wunsch nach Anerkennung verzehrte, der seine Gedichte mit derselben Kraft herausschleuderte, mit der er gegen Freunde und Feinde kämpfte, kompromißlos, besessen. Mehr noch als in den epischen Werken der kongolesischen Schriftsteller findet Maunick in der Poesie Tchicayas die wahre *Saga* des Kongo niedergeschrieben. «Je veux illuminer le blues de Martinique, comme

* Die folgenden Äußerungen Edouard Maunicks sind einem persönlichen Gespräch, im September 1990 in Paris, entnommen.

Tchicaya voulait illuminer le blues du Congo.» In ähnlicher Weise nannte Jean Benoît Tchicaya «denjenigen, der sein Land erzählt»; und von sich selbst sagte er einmal: «Ich bin die Chronologie.»

Der Dichter als Knotenpunkt des kollektiven und individuellen Lebens hält sich alle Wahlmöglichkeiten offen, bleibt dem «Mysterium des Seins» und dem Unerklärlichen verpflichtet, evoziert mit jeder Zeile den Reichtum des Universums, verehrt den Augenblick, ein Gesicht, den Baum, den Fluß, das Meer, öffnet deren Dasein auf die Ewigkeit hin: Im Gedicht drückt sich aus, was er von der Welt empfangen und sich genommen hat; und das Gedicht selbst nimmt eine Form an, die vom Leser weniger interpretiert als auch «genommen» werden will. Tchicaya U Tam'sis Schicksal sei es gewesen, meint Maunick, daß er in den Gedichten «der Wahrheit» am nächsten gekommen sei und sie doch verfehlt habe: in der *Glorifizierung* politischer Giganten von Chaka bis Lumumba (und auch Stalin), die immer eine Überhöhung der Wirklichkeit darstellte und einen anderen Entwurf von Welt intendierte, als dies jemals in der Politik realisierbar sei. Die Poesie verschleudere und verrate sich immer, wenn sie sich ideologisch binde. Maunick betont den schmalen Grat zwischen dem Rebellen, der Dichter bleibt, und dem Revolutionär, der das Métier wechselt.

Tchicaya U Tam'si ist der Dichter, der «uns aufrührt», «ein Mann des Traums und der Leidenschaft» (hatte Senghor im Vorwort zu *Epitomé* geschrieben). «Er ist für Schwarzafrika, was Pablo Neruda für Lateinamerika ist . . . der Vater unseres Traums» (Sony Labou Tansi); kompromißlos, auffällig in seiner Erscheinung, mit einer holprigen, ungeglätteten Stimme. In seiner Dichtung «röchelt, lacht, murrt und wettert er» (J. Rancourt). Seine Literatur ist eine, die die Zirkulation des Blutes und die Seele in Erregung vorführt (Obenga) – «le nouveau barbare», wie man ihn verschiedentlich voller Hochachtung genannt hat.

Die Thematisierung von Blut, Körper und Sexualität im Werk Tchicaya U Tam'sis hat eine eindeutige Konnotation, die nicht immer auf den ersten Blick erkennbar ist: sie folgt nicht der Haltung der Négritude, in der «Blut» immer auch «Rasse» evozieren soll («lauschen wir dem Gepoch unseres dunklen Blutes»,

Senghor). Die Zirkulation des Blutes will bei Tchicaya nicht als Charakterisierung des Negerseins und nicht als Ergänzung zur Selbstbestimmung über die (schwarze) Haut verstanden werden, sondern als der vitalste Ausdruck des Lebens; gleichsam ein «Bündel mediatisierter Beziehungen zwischen Liebe, Revolte und Verweigerung . . .» (Obenga); ein Aufbegehren gegen das vermeintlich «böse Blut».

Die versuchte Unmittelbarkeit im Erleben des eigenen Körpers, die ‹Intimität mit dem Selbst› – das ist die Ebene, auf der Théophile Obenga Tchicayas Werk emphatisch begrüßt und es als Manifestation gegen die «wirkliche Krankheit» der Moderne feiert: «Die Leere des Menschen – das ist das, was den kongolesischen Dichter anwidert.» (Obenga). Was den kongolesischen Dichter dagegen fasziniert, ist der natürliche Reichtum seines Landes, die Dichte der Wälder und die Offenheit zum Meer hin – und immer wieder der große Fluß und seine Mythen. Die kongolesischen Schriftsteller verstehen den Wald und den Fluß als die beiden Elemente, die Kongo und Zaire aufs engste und unauflösbar miteinander verbinden. Und doch wäre es eine Verzerrung, wollte man Tchicayas Lyrik von der Moderne und deren «Leere» abspalten, sie nur auf seiten der Naturerfahrung ansiedeln.

«Ich wurde im Kongo geboren. Der Kongo war überall und nirgends – diesseits und jenseits des Flusses, er erstreckte sich in Richtung zweier Horizonte und schließlich zweier Arten von Hohn und Spott, die man überwinden mußte... Es war die Weigerung, sich als amputiert hinzunehmen.» Dieses 1976 von Tchicaya U Tam'si geäußerte Bekenntnis wendet sich gegen die künstliche Spaltung in Zaire und Kongo-Brazzaville und evoziert deren gemeinsames Schicksal: Sklaverei, Kolonialismus, Neokolonialismus und die Krisen und Konflikte, die die Unabhängigkeit mit sich brachten. «Der Fluß stellt nicht wirklich eine Grenze dar . . ., aber es gibt diese künstlichen Grenzen und die trennen die Leute voneinander» (Maxime N'Débéka). Um sie zu überwinden, muß sich der kongolesische Schriftsteller heute gleichsam als ein «großer Seefahrer» betätigen (Sylvain Bemba), über den Fluß »‹hinwegsetzen› und aus zwei Kongoreichen ein weites vereintes Land machen» (Tchicaya U Tam'si).

Tchicayas U Tam'sis Leidenschaft für einen ‹Großen Kongo› läßt sich bis auf das Jahr 1951 zurückverfolgen, wo er bei einem von belgischen Jugendlichen organisierten Kolloquium mit diesen Ideen erstmals konfrontiert wird und von der Nähe seiner Sprache zu derjenigen der Shaba in Zaire erfährt. 1952/53 schreibt er – angeregt von einem Kollegen bei Radio-France und von einem literarischen Kaffeehauszirkel am Bouvelard Saint-Michel gefördert – die Gedichte, die später unter dem Titel *Le mauvais sang* erscheinen werden. 1955 greift er die Idee eines ‹Großen Kongo› wieder auf und schlägt den kongolesischen Studenten in Paris die Gründung einer Zeitschrift unter dem Titel «Les deux Congo» oder «Le Bantou» vor. Sein erster Gedichtband findet wenig öffentliche Resonanz, außer bei dem Leiter der Zeitschrift «Liaison», Paul Lomami Tchibamba, der ihm «seinen herzlichen Bruderkuß» schickt und hinzufügt: «C'est notre mauvais sang».

Auch Tchicayas zweiter Gedichtband *Feu de brousse* (1957), der den «Grand Prix de Littérature d'A.E.F.» erhielt, wurde von Bruno Durocher verlegt, der beim ersten Band den Titel *Quasi una fantasia* verworfen hatte, da er ihm nicht «afrikanisch genug» vorkam – ein symptomatischer Fall für die zum Teil unbewußte Klassifizierung selbst der avantgardistischsten Texte afrikanischer Autoren als «archaisch und primitiv».

Aber auch jenseits solcher globalen Zuordnungs-Klischees bleibt die Frage offen, ob Einteilungen der Lyrik in Gedankenlyrik und Naturlyrik, in konkrete Poesie, abstrakte und realistische Dichtung brauchbar sind. Wo ist der Ort der poetischen Produktion: im Denken oder im Empfinden, im «Außen» oder im «Innen», im «Herzen», im «Fleisch» oder in der «Seele», in der Sinnlichkeit oder ganz allein und ausschließlich in der Sprache?

Die Gedichte Tchicaya U Tam'sis zeigen exemplarisch die Schwierigkeit, eine Poetik zu formulieren. Sie sind über weite Strecken Naturlyrik, und doch wäre es eine ganz falsche Fährte, sie nur auf die Evokation von Naturbildern hin zu lesen. Sie sind ebenso Gedankenlyrik, und doch erschließen sie sich nicht, sieht man sie nur aus dieser Perspektive. Sie sind «konkrete Poesie» in der Hervorhebung des einzelnen Worts, und doch wären die Konstellationen nicht verstehbar ohne die Spuren des gelebten Lebens, die sie unübersehbar hinterlassen haben.

In machen Hinsichten sind sie biographisch lesbar: Die holprige Stimme Tchicayas findet sich im Rhythmus der Gedichte wieder; das Gefühl der Einsamkeit und der Zerrissenheit, ja Zerstückeltheit ist bei ihm in eine existentielle und eine poetische Form eingeschrieben, und doch sind die Manifestationen und Ausdrucksformen dieser beiden Ebenen im Leben und im Gedicht letztlich nicht miteinander vergleichbar und nur verwendbar als eine vorläufige Hintergrundinformation.

Der Autor setzt durch die Etappen seines Lebens Zäsuren in seiner Produktion, bricht auch in seiner Biographie die «Anonymität des Gemurmels» (Foucault) auf, aber die literarische Auflösung dieser Anonymität erfolgt mit anderen Mitteln; der Schriftsteller konstituiert mit jedem Werk eine andere Wirklichkeit, die ihre eigenen Gesetzmäßigkeiten hat.

Die biographische wie die autobiographische Notation ist eine Festschreibung und führt Fremderklärungen und Rechtfertigungen ein, die in dieser Weise nicht für den Text relevant sind. Die sich auf das Leben des Autors beziehenden Erklärungen setzen sich aus Elementen zusammen, die auf der Ebene von Willensbekundungen und Haltungen und damit auf einer anderen Ebene als der literarischen liegen. *Beabsichtigte* Objektivierungen und Verbindungen oder aber Individualisierungen und Vereinzelungen von Lebensdaten sind nie kongruent mit den literarisch *durchgeführten* Haltungen.

Edouard Maunick erzählte mir, daß Tchicaya U Tam'si ihn eines Nachts angerufen habe mit der Bitte, er müsse sofort zu ihm aufs Land kommen, sonst bringe er sich um. Bei seiner Ankunft trat ihm Tchicaya lachend entgegen und fragte ihn, was er hier wolle, mitten in der Nacht. – Im Leben ist dies eine Unverschämtheit. Kaum jemand, der solches Verhalten, wenn es ihn trifft, jenseits sozialer und moralischer Normen und Regeln beantworten kann. Was eher als Einschränkung (der Freundschaft) erfahren wird, eröffnet im Gedicht – ganz im Gegenteil – eine Weite: «ich spiele weiterhin verrückt». Im Gedicht geäußert, hat es sich aus der Enge von Abhängigkeiten, Regeln, Ritualen und Prinzipien herausgelöst und figuriert als poetische Formel.

Jedes Datum und jede biographische Fixierung sind an andere Daten genauso wie jede Produktion und jeder Text an andere Texte und Codes angeschlossen.

Eine sich auf diese Ebene des *Intertextuellen* einschwingende Betrachtung wird von Roland Barthes (*Das semiologische Abenteuer*, 1988) im Unterschied zur «strukturalen Analyse» als «Textanalyse» bezeichnet: «eine mobile Strukturierung des Textes ... (eine Strukturierung, die sich im Ablauf der Geschichte von Leser zu Leser verlagert), im signifikanten Rahmen des Textes». Die so verstandene gleitende Analyse spürt dem Text nach, «wie er aufbricht»; und sie ermittelt «Zufahrtsstraßen des Sinns».

Erinnert sei auch an eine interessante Unterscheidung, die Foucault einmal getroffen hat: Das Werk «übersetze» das Privatleben nicht, sondern «umfasse» es ebenso wie den Text; in dem Sinne, wie auch die *Geschichte des Wissens* das *Subjekt des Wissens* umfasse.

II

Irrtum! Geboren bin ich / im Ei der erdrosselten Königreiche!
Feu de brousse

Die eigene Geburt ein Irrtum. Das Ei, aus dem Leben entstand, war eines aus «erdrosselten Reichen». Der Vater ein «Galeerensträfling». Das Unselige und das Unkraut sind von Anfang an dem Neugeborenen mitgegeben. Von seiten der Mutter strömte keine Liebe über. Unzucht und andere Neigungen besetzten an deren Stelle die Phantasie. Den Bauch der Mutter verlassen, den Magen verloren, der zur eigenen Wesensart paßte. «Ich wurde gegen das Böse eingetauscht.»

Ich werde selbst mein Rettungsanker sein
...
Den Hafen verlasse ich nicht mit Wind in den Flanken
sondern mit Windstößen im Bauch.
Le Ventre

Das Gefühl des Mangels, der Einsamkeit und Kälte hält sich durch. Tchicaya spannt den Bogen von der Leidensgeschichte Jesu und der seines Volkes bis zu seiner Kindheit:

... seitdem ich meine Kniescheiben verlor
gibts keine Kirchenstufen mehr
für Christi Passion
die man hinter verschloßnen Türen spielt
nicht beim Herz an Herz
noch beim Bauch an Bauch
nur bei den Richtern!

ebd.

Die individuelle und die kollektive (Kolonial-)Geschichte schnürte ihm den Bauch zusammen – der Bauch: Ort der Geburt, der Hitze und der Fäulnis, Quelle des Lebens, «l'Afrique-Mère». (Tchicaya U Tam'si hat in einem Interview, *Afrique*, Juli 1966, betont, daß die afrikanische Bedeutung des Wortes Bauch viel weiter und größer sei als im Französischen.)

Das Gedächtnis vom eigenen Land und der Liebe droht zu zerbersten – was bleibt noch anderes, als «die Morgenröte abzuwarten» und neue Bande zu knüpfen? Sich der Erfahrung entgegenzustellen, daß das eigene Leben von vernichtenden und destruktiven Zügen geprägt ist? («...ich habe ein Leben das tötet»).

Wir sind das Gewitter
mitten im Sommer
der Donner springt
auf den Hang unserer Herzen

Feu de brousse

Die Leidenschaften sind nicht berechenbar; der Wunsch nach Verbindung (sich selbst den Rücken zukehren und im Blick des Anderen wohnen) ist unstillbar; was als geschützt erscheint, wird zu seinem eigenen Verbrennungsofen: entzündet sich wie unter einem Brennglas. Die «Gewitter» und der «Verbrennungsofen»; werden nicht im Außen festgemacht, sondern als innere dynamische und explodierende Prinzipien (die Zusammenhalt geben und sei es auch über Alpträume) verstanden. Ihnen übergeordnet sind die Schicksalslinien eines jeden Menschen und wie er diese mit seinen Visionen verlängert und überhöht.

ich kann von keiner Frucht mehr kosten
ohne daß ich den Rotz und Schund von früher spüre
ebd.

Es ist dieses lebenslange Erbe, das Tchicaya U Tam'si in seiner Lyrik beschwört: das (schmutzige) Band, das «Dornengestrüpp unseres Blutes», das (verwirkte) Schicksal, das ihn mit seinem Land (das ihn nicht mehr bewohnt), verbindet. Neue Leben legen sich wie Schichten über das alte, haben den Anschein des Verborgenen, sind aber letztlich nur der Ort von «Schlammschlachten», die man um die Liebe führt. Auch sie eine fixe Idee wie der große Fluß oder die Rebellion, wo doch «der schönste Rebellengesang» wie eine «Krötenhymne» ist. («Verpaßte Freude») Dennoch: «kommt heute abend . . .» – warum nicht das Fest feiern in «geselliger Traurigkeit», auch im Bewußtsein der Vergeblichkeit: «meine Seele ist ein Nagel in einem morschen Brett» (*Feu de brousse*).

Das morsche Brett ist der Leib, die körperliche Hülle. Vielleicht würde er sie schon abschütteln wollen, wenn er nicht befürchtete, dadurch auch seine Seele zu verlieren. Trotz aller Dezentrierung des traditionellen Lebens und der Versklavung des ganzen Volkes, trotz Mißhandlung des eigenen Körpers und Mißachtung seiner Würde, will das Ich sich nicht als unbeseelt erleben. «Meine Seele ist gänzlich bereit.»

Wer seine Bahn einmal verlassen hat und nach außen geschleudert wurde, ist sein Leben lang auf der Suche nach einer neuen Umlaufbahn, in der er einen neuen Rhythmus finden muß. Seine Haut zu retten, heißt denn auch, sich eine neue Haut zuzulegen, sich weiten, indem man die alten Neigungen und alle Gelüste in ihr Extrem steigert, um sie in ihr Gegenteil umschlagen zu lassen. So wird auch der Haß überdreht und als menschliche Empfindung aus der Distanz anschaubar. Nur die Knechtschaft möchte Tchicaya U Tam'si davon ausnehmen, das Spiel mit ihr ist für immer ausgereizt. Jenseits von ihr will er das «Tollhaus» bewohnen, das «Gewitter» sein. «Ich spiele weiterhin verrückt.»: Ich insistiere auf einem Lebensentwurf und halte an einem wenn auch noch so zerstückelten Gedächtnis fest («. . . sosehr geträumt, daß unser Gedächtnis zerbrach»).

Der größte Traum war ein vereintes Afrika und *ein* Kongo. Er zerbrach mit dem Mord an Lumumba. Aber auch in den Jahren davor war die Erinnerung an die Geschichte des eigenen Landes durchwirkt von Desillusionierung und Trauer. «Geschmäht», «Entsetzlichkeit», «Leichenhallen», «grauer Himmel», «Schmerzen», «zerschrienes Herz», «Gesang des Wahnsinns»: in diesem Raum der Erfahrungen und Empfindungen entwirft Tchicaya das «Andante» seiner ersten Gedichtsammlung *Le mauvais sang*.

Er hatte beabsichtigt, diese Gedichte 1955 unter dem Beethoven («Mondscheinsonate») entlehnten Titel «Quasi una fantasia» zu veröffentlichen. Diese Formulierung schlägt einen hintergründig heiter-melancholischen Ton («Ich bin schwarz Sonnensohn . . .») an, gibt eine musikalische Konturierung, die kontrapunktisch ist zu den tatsächlich gewählten Worten «Le mauvais sang». «Sich große Sorgen machen» (se faire du mauvais sang) und «das gibt böses Blut» (eine gebräuchliche Formulierung, wenn man Sorge hat, durch ein Wort oder eine Tat einen Konflikt heraufzubeschwören) umreißen die Bedeutung dieses Titels.

Es ist ein «schlechtes», aber auch ein von den Kolonialherren schlecht gemachtes Blut: Zuerst in der Phase der bedingungslosen Unterwerfung und dann im Kampf gegen den aufkeimenden Willen nach Unabhängigkeit – ein «schlechtes» Blut, was da gegen die Obrigkeit aufbegehrte. «. . . daß mein Blut nicht schal werde», hatte Senghor als Motto gegen die Assimilation ausgegeben.

Das böse Blut ist quälendes Blut: selbstquälerisch und quälend für die Anderen. Im Aufblicken zu einem Märtyrer wie Lumumba, der sein Blut für andere gab, und zu einem Menschen, wie Jesus, der in seiner Heilsbotschaft Liebe und Opfer (gutes Blut) unter die Menschen bringen wollte, äußert sich der Wunsch nach Reinigung und Katharsis.

Auch Adornos Satz, mit dem dieser sein Buch *Quasi una fantasia* beschließt («Dinge machen, von denen wir nicht wissen, was sie sind») könnte als Motto über Tchicaya U Tam'sis Poetik stehen. «Ich schreibe. Das ist eine Tatsache. Der Akt des Schreibens ist sicher Ausdruck eines organischen Bedürfnisses. Und die Literatur ist in Wirklichkeit nichts anderes als ein Auswuchs: zum Beispiel die ästhetische Konstruktion, die sich auf das Verlangen, sich auszudrücken aufpfropft.» Dieses poetologische Bekenntnis Tchicayas zeigt in seiner elementaren Bestimmtheit ein Selbstbewußtsein als Künstler, das sich durch keine noch so offizielle Form der Frage («Warum schreiben Sie?») irritieren und zum Ausschmücken verleiten läßt.

So wie die Warze die *Gleichmäßigkeit* der Gesichtszüge deutlicher hervortreten lasse, so bringe – äußerte sich Tchicaya einmal – auch das Schreiben mehr *Klarheit* in die eigenen Gefühle und Gedanken. Schreiben sei für ihn eine Art der Kommunikation und keine intellektuelle Machtausübung. Über die Literatur stellt der Schriftsteller eine neue Beziehung zwischen sich und seiner Umwelt her.

Bibliographie der Werke Tchicaya U Tam'sis

Lyrik

Le Mauvais Sang, Editions Caractères, Paris 1955; *Feu de Brousse. Poème parlé en 17 visions*, Editions Hautefeuille, Paris 1957, Réédition Pierre Jean Oswald, Paris 1970, Harmattan, Paris 1978; *A Triche-Coeur*, Editions Hautefeuille, Paris 1958, Réédition P.J.O., Paris 1970, Harmattan, Paris 1978; *Epitomé. Les mots de têtes pour le sommaire d'une passion* (mit einem Vorwort von L.S. Senghor), Editions SNED, Tunis 1962, Réédition P.J.O., Paris 1970; *L'Arc musical-Epitomé* (mit einer Einführung von C. Céa), Editions P.J.O., Paris, Réédition 1970; *Le Ventre*, Editions Présence Africaine, Paris 1964; *La Ventre. Le Pain ou la cendre*, Editions Présence Africaine, 1978; *La Veste d'intérieur*, suivi de *Notes de Veille*, Editions Nubia, Paris 1977.

Theater

Le Zulu (drame), suivi de *Vwène le fondateur*, Editions Nubia, Paris 1977; *Le Destin glorieux du Maréchal Nnikon Nniku, Prince qu'on sort* (farce), Editions Présence Africaine, Paris 1979; *Le Bal de Ndinga*, Editions de l'Age d'homme («L'Atelier imaginaire»), Paris 1987.

Prosa

Les Cancrelats (roman), Editions Albin Michel, Paris 1980; *La Main sèche* (nouvelles), Editions Robert Laffont, Paris 1980; *Les Méduses ou Les orties de mer* (roman), Editions Albin Michel, Paris 1982; *Légendes africaines* (anthologie), Editions Seghers, Paris 1966, Réédition 1980; *Les Phalènes* (roman), Editions Albin Michel, Paris 1984; *Ces Fruits si doux de l'arbre à pain* (roman), Editions Seghers, Paris 1987; Neuauflage in der Reihe «Chemins d'identité», 1990; «Ne pas perdre le sud est salutaire», in: *Suds profonds.* Détours d'écriture, Sillages, Paris 1987: 137–140; «Le concile» (Le dernier texte de Tchicaya U Tam'si), in: *Diagonales,* Nr. 8, Okt. 1988: 13–15; *Les Trois Ombres* (nouvelle), Editions l'Age d'homme, Paris 1988.

Englische Ausgaben

Selected Poems, Übersetzung: Gerald Moore, Heinemann Verlag, London/Ibadan/Nairobi 1970; Neuauflage mit einer Einleitung, 1972. Frühere Übersetzungen (von Gerald Moore und Sangodare Akanji) dieser Gedichte waren in Zeitschriften und Anthologien (*Black Orpheus, Transition*) von 1963 an erschienen. Eine amerikanische Ausgabe erschien 1971 (Humanities Press).

Deutsche Ausgaben

Das Geheimnis der Medusen, Übersetzung: Adelheid Witt, mit einem Nachwort von Rainer Arnold, Verlag Volk und Welt, Berlin 1986; Auszug aus *La Main sèche*, «Das unbändige Gelächter», in: Reinhard Gerlach und Hubert Kröning (Hrsg.), *Erkundungen. 17 kongolesische Erzähler*, Verlag Volk und Welt, Berlin 1984: 5–25.

Außerdem fanden zahlreiche szenische Lesungen von Texten Tchicaya U Tam'sis statt (unter anderem 1985 im Centre Pompidou, Paris, und im Centre Wallonie, Brüssel, 1986 beim Festival d'Avignon). Am 22. März 1987 gab das Centre Pompidou im Rahmen des «Salon du Livre» und in Anwesenheit von Tchicaya U Tam'si eine von Gabriel Garran eingerichtete szenische Lesung von «Le Bal de N'Dinga»; im Oktober des gleichen Jahres wurde das Stück beim Festival des Francophonies in Limoges und beim Festival de Théâtre Francophone in Montauban, im November im Théâtre du Botanique in Brüssel aufgeführt; im Juli und Oktober 1988 folgten Grenoble (Festival de Miramas), Saint-Gaudens, Tarbes und Bordeaux (L'Automne Africain) und schließlich Paris (Théâtre de la Tempête, mit anschließenden Diskussionen). Es ist das erste Mal, daß ein Stück eines afrikanischen Autors gleichzeitig in vier Theatern von Paris angekündigt wird: Théâtre de la Tempête (in einer Produktion des freien Théâtre International de Langue Française), Théâtre des Bouffes du Nord, Théâtre de l'Oeuvre, Théâtre Antoine.

1989/90 unternimmt das Ensemble des «Théâtre International . . .» mehrere Tourneen mit dem Stück. (April/Mai 1989: Tchad, Zentralafrika, Kongo, Zaïre, Gabun, Kamerun; Oktober/März 89/90: Frankreich; April 90: Seychellen, Burundi, Djibouti, Rwanda, Zaïre, Somalia; April/Mai: Karibik; Mai–November: Jugoslawien, Schweiz, Belgien). 1989 wird «Le Destin Glorieux du Maréchal . . .» in Dakar uraufgeführt und eine Afrika-Tournee geplant. In Paris wird das Stück in der Grande Halle-la Villette (salle Boris Vian) gezeigt.

Im Rahmen des Zyklus «O Saisons, o Congo» mit sechs szenischen Lesungen von Werken kongolesischer Autoren (Labou Tansi, Sylvain Bemba, N'Débéka u. a.) fand am 26.11.1988 im Théâtre de la Tempête, Cartoucherie de Vincennes eine «Table ronde autour de ‹L'oeuvre poétique de Tchicaya U Tam'si›» (geleitet von Michel de Meaulne) statt. (Eine erste Soirée war Tchicayas poetischem Werk am 7.9.1966 im Théâtre de la Commune d'Aubervilliers gewidmet worden.)

Inhalt

Originalausgabe

Grundlage für den französischen Text:
Tchicaya U Tam'si: Le mauvais sang suivi de
Feu de brousse et A triche-cœur
Paris: Editions L'Harmattan, 1978

Umschlag von Rissa: «Speise der Weißen», 1987, 70 x 100 cm
Gouache und Tusche auf Karton

Die Deutsche Bibliothek – CIP-Einheitsaufnahme

Tchicaya U Tam'si: Werke/Tchicaya U Tam'si. [Hrsg. von Hans-Jürgen Heinrichs].
– Orig.-Ausg. – Aachen: Rimbaud.
NE: Heinrichs, Hans-Jürgen [Hrsg.]; Tchicaya U Tam'si: [Sammlung]
Orig.-Ausg. Bd.1. Tchicaya U Tam'si: Böses Blut. – Orig.-Ausg. – 1993
Tchicaya U Tam'si: Böses Blut:
Gedichte; franz./deutsch = Le mauvais sang / Tchicaya U Tam'si.
Übertr. von Beate Thill. [Hrsg. von Hans-Jürgen Heinrichs].
– Orig.-Ausg. – Aachen: Rimbaud, 1993 (Werke / Tchicaya U Tam'si ; Bd.1)
ISBN 3-89086-914-9

Postfach 86, D-52001 Aachen
Titel und Satz: Rimbaud Verlag, Walter Hörner
Schrift: Stempel Garamond
Papier: Gardapat, säurefrei
Druck und Bindung: Fuldaer Verlagsanstalt
Printed in Germany
ISBN 3-89086-914-9

Der Verlag sendet Ihnen gerne sein neuestes Verzeichnis zu